Ulla Weymann

Die Tür öffnen

Ulla Weymann

Die Tür öffnen

Ein Gedichtzyklus

mit Bildern von
Helmut Friedewald

Verlag Ch. Möllmann

Die Deutsche Bibliothek – CIP-Einheitsaufnahme
Weymann, Ulla:
Die Tür öffnen. Ein Gedichtzyklus / Ulla Weymann
– 1. Aufl. – Schloß Hamborn : Möllmann, 2003
ISBN 3-89979-003-0

Erste Auflage 2003

Alle Rechte vorbehalten
Copyright © by
Verlag Ch. Möllmann
Schloß Hamborn 94, 33178 Borchen
Tel.: 0 52 51 – 2 72 80
Fax: 0 52 51 – 2 72 56
www.chmoellmann.de
Herstellung: Verlag Ch. Möllmann (Inhalt),
Druckerei Möhring & Droll, Lichtenau (Umschlag)

ISBN 3-89979-003-0

Für Sigrid Nordmar-Bellebaum

Zwischen den Welten
Für Helmut Friedewald ✟ 2002

Es malt in mir
deine Seelenhand
Farben und Formen
aus Himmelsnähe
und Erdenwelt

Deine Bilder umgeben mich
leise sprechend
und mein Verstehen hebe ich
zu deiner Sphäre

Deine Konturen schmelzen
ins Unsehbare
Dein Lächeln erglänzt.

Ganz fern wandert
am besonnten Waldhang
ein Mensch.

I. Mit mir selbst im Gespräch

Kleines Erwachen

Ist das mein Leib?
Das kleine Schloss
in dem ich ein- und ausgeh —

Wer gab ihn mir?
Wer horcht auf alle Ströme
und schenkt das Wohlgefühl?

Vertrauen, Liebe
wohnt in ihm
und hüllt mich ein.

Ich dehne mich und frage —
und will dir immer danken.

Morgendlicher Monolog

Zusammengeflickter Tag
und doch mein Tag
weil ich es bin
die durch alle Verwandlungen
sich findet
im Blick, im Atem
im Lied.

Vogelumflogenes Haus
unsichtbare Nester
und schwer erreichbare Geistwelt
Lieder
Bilder
— strahlen.

Aufwachstufen

Wie aus Denken und Worten
die lid-umhüllten Augen
durch Türen und Tore gehen

so tauchen aus Blicken und Blitzen
die tag-umhüllenden Hinderungen auf
und führen mich zu Umgehungen
und wieder Einwohnung hin.

Morgengebetsahnung

Die durch Decke und Dach
strahlende Strömung
biegt nicht ab, hört nicht auf
himmelwärts

während die Mauersegler
kunstfliegend im
stadtüberwölbenden Himmel
ihr winziges Brot erjagen.

Und ich atme
im stillen Frieden
der Ankunft.

Mensch

Das Gehen eines unbetretnen Pfades
das Sprechen einer niegehörten Sprache
das Ringen mit dem furchtbar Unbekannten
— erst das ist Leben! Tropfen fällt auf Tropfen
und rinnt zu des Vergangnen breiten Strömen
die glänzend unter hellem Himmel ziehn
— doch hier sind Wolken, hier ist ewig Mühe
und nur die Liebe hält an meiner Seite Schritt.

Ich ordne die Saiten
häufe zitterndes Gold über sie
hülle mich in den dämmernden Mantel
damit die Toten mir leben
Ich sinne Kinder-
und Jugendtraum
wiege die Gewichte des Lebens
und glaube
singe Glauben
an das Licht
an das kommende Licht
an das jeder Stunde sich ergießende Licht

Ich bin nur einer
aber durchgraben von Wegen.
Ich senke mich und ergreife was irdisch ist,
ich erhebe mich und verlasse die Straßen.
Ich warte auf die Freiheit,
auf den großen Gesang,
auf das Beben, das die Saiten ergreift im Innern.

Es schreitet näher.
Nun weiß ich, warum der Weg
von Löwen gesäumt ist.
Sie flüstern: du bist ein Mensch.
Wenn ich es nicht bin, verschlingen sie mich.

Engel, meine Saiten schweigen!
Voller Leben meine Seele
ringt zu schauen.
Wie ein Kind, das zwischen einem
König und dem Bettler hin- und herläuft,
bittet, liebt euch doch!
Nein, sie werden sich nicht lieben,
fürchtet jeder nur des anderen Macht.
Jeder doch beschenkt das Kind
und ist ihm Vater.
Und es sehnt sich und es dient
bis der Bettler eine Krone
einst hat und der König aufsteht
und es in die Arme schließt.
    Engel, meine Saiten schweigen!

Abgebröckelt ist wieder
ein Stück meiner Küste ins Meer.
Ich musste einsehn, was mir nicht gefiel.
Ich musste Entäußerung üben
mitleiden mit der schwachen Seele —
erkennen, wie sehr ich getragen war,
dass mein Weg nicht so ins Dunkle glitt
erkennen auch, dass der Sturz in die Not
jeden Augenblick möglich ist.

Nach einem Aquarell von Andreas

Die heitere Maske ist zu Boden geweht
Flügel und Federkleid hab ich verloren.
Die Berge, die ehmals hoch waren, sind klein geworden
und neue hohe türmen sich neben mir auf.

Ich schaue zurück mit lächelndem Blick
und fahre und fahre...

Sei einfach.
Tritt auf den Spiegel zu,
dem nichts verborgen bleibt,
auf ihn, von dessen Glanz
dein Licht erwacht.

Müh dich um andre Form nicht
als die Wahrheit.
Sie ist so groß und dunkel über dir,
dass einen zweiten Menschen
du erschaffen musst.

Er wächst aus dir,
wird größer als du selbst,
mit ihm kannst du der Wahrheit Wesen fassen
und anders nicht.
Drum müh dich nicht um falsche Form:

sei einfach
denn Gott steht vor dir.

Es war ein Gruß
der mich noch nicht verließ
als schlössen sich zwei Hände über mir

zu einem Zelt von tiefer dunkler Hut
sie lenkten meinen Blick ins Innere
zu eines Lichtes einzig hellem Ruf.

Ich fühle mich als Instrument der Sehnsucht
als Saite die leer schweigt.
Und wünsche mir dass sich Bestimmung
aus andrer Ebene bezwingend naht.
Verkürzte Saite deren Stimme steigt —
gebrauchtes Instrument
erfährt
Begeisterung.

Bei Chopin-Musik

Erdverkrustet unser Sinnen, Fühlen
nur der Sehnsucht feiner Rauch
allentflüchtend
zielt nach neuer Wahrheit
schwebt und wabert
und es schlägt das Herz
es fallen ab die Lappen
alten Urteils und ein Steg so zart
malt sich ins Neue.

Die Scheiben regennass
aus Nacht hat sich des Himmels Grau gehoben

und still
nur leise Wellen wirft
das Meer.

Sturmwege
Nachtgefangenschaft
sind hinter mir?

Am Fenster

Sinnbilder sinnend, Blumen- und
Blättereis an Glas, Tröpfchenlandschaften,
durch die man späht...
Fern, möglichst fern sollen die Häuser
voller Leute sein. Dem Abendverhängnis gegenüber
blüht rosa der Osten auf mit stillen blauenden Fischen.
 Wie dank ich der Stille
 das Fallenlassen des Hasses.
So könnte ich wieder einer Blume gleichen,
einer Blume die man nicht sieht.
Alle sollten wir eine solche Blume in uns tragen —
vielleicht haben wir sie schon?
Dann brauchten die Häuser nicht ferne zu sein.
Auch die hässlichen könnte ich ertragen.

Am Puls der Stadt —
dem rauschend lärmenden —
lieg ich im Sessel
schau in den Himmel
dessen Mienen
mich heiter stimmen
oder trüb — und hoffe
auf schaffende Gedanken
und Begegnung.

Nun will ich still sein
Zunge, Lippen schweigen

die Augen greifen nicht
sie ruhn vertrauend

den Himmel überspannt
ein Wolkenschleier

am Waldberg drängen sich
belaubte Kronen

aus Zwischenräumen
blauen Schluchten

steigt Weihrauch —
Schweigen auf
und spricht...

Wie Eihaut hängt
um dich Einsamkeit

selbst Zwillinge werden
geboren zur Einsamkeit.

Unernst bleibt wer nicht
Sammlung des Einsseins lernt.

Grünschattig ist
der werdende Sommer.

Erblühtes Vielgewordenes Abgeblühtes
wird erdschwer

Frucht wird erdgeboren
eins wird zwei
— und kennt sich nicht mehr.

Himmelfahrt erst
Pfingsten dann.

Schwer ist Erkenntnis des Seins
schwer ist das Sein.

Wie Eihaut hängt
um dich Einsamkeit — aber was klagst du?

Wer sternt in dir
wer wird in dir Kern?

Schicksal

Was im Sonnenfeuer reifte
was mit Sonnenmacht geformt
trifft uns mit Entsetzen
oder hüllt in Seligkeit
reißt von Straßen
uns auf Pfade

ungewiss
allein

bis Erstarrtes bröckelt
in die Brüche
strömt es ein
Ahnung und Erfahrung

Sonnenweite
Sonnenklarheit

Sternfenster

Kämst du einmal wieder
uns näher, Himmel
nachtschwarze Wölbung —

und in die Fenster
der Himmelsbewohner
Lichter gestellt.

Anbetend die
obere Tiefe

und die langstrahlig
winkenden Lichtspuren

heiße ich
Mensch.

Verschattung

O mein Gesicht
das langsam sich von mir entfernt
die Sonne weicht, es dunkelt
und ich bange
wie ich behalte wer ich bin.

Der Liebe Flügel heb ich hoffnungslos
wenn mir verdämmert, wen ich bringe
den liebsten Seelen.

Für den Tod ist jederzeit Zeit
Seine Ewigkeit bricht in den schwachen Tag.
Unsere Träume gehen in Rauch auf,
unsere Wohnungen stürzen zusammen.
Von dem Herzen entfernt sich —
unbegreiflich — Herzensbesitz.

Für den Tod ist jederzeit Zeit.

Steh still du Strom, der lang mich trug
halt nieder Sterbliches und Tod.
Erstarrt zu Eis
erstrahlt zu Licht
erklärt zu Geist
mein Herz, mein lebend Herz
mein Innensein wird Gott.

Fiel eine Tür zu?
Stürzte ein Körper?
Halte dein Herz in sanftem Willen.
Auf allem Niederbrechenden ruht
Sonnenwärme des heiligen Du:
Aus allem Sinnlosen wird einmal Sinn.
Liebende Strahlen dringen
in undurchschaubares Dunkel.

Sei ruhig, Herz, in deiner Tiefe ruhen
die Kräfte, tiefstem Abgrund
den höchsten Gipfel zu vereinen;

und eines Morgens schwebst aus Tränentälern
zu seliger Höhe du auf Engelsflügeln.

Von allen Schlacken frei versteht die Seele
vertrauend Götterkräfte zu erwecken
in weinend-lachender Erschütterung.

Der Glocke ernstes gleiches kurzes Schreiten,
es weckt mich aus erschöpftem Schlummer auf.

Zum Tod, zum Tod schien mir ihr Ruf zu deuten
ich schritt im Traum dem kurzen Rhythmus nach
und wacht ins Herz getroffen auf.

Zum Tod, zum Tod — wem soll es Tod bedeuten?
Wem, Glocke, musstest du so dringlich läuten?

Warum ist dieser Augenblick
　so wunderbar
wo sich das Niemals Gleiche
　näherte?

Es ist ein Stillsein
　ein Erhorchen der Stille

Ein Mithelfen
　zum Werden aus der Stille

Ein Sehnen und Vorauserleben
　des Neuen —

Und Züge rollen vorbei
　gedämpfte Sonne wärmt
die umschmeichelnde Luft

Allein —
　von Blumen umblüht
　　lebe ich.

Wenn mich der Tod umfängt
möcht ich nicht weinen.
Entgegen lächeln möchte ich
dir, Liebendster,
vor dem unser Erdenstreben
in Staub zerfällt.

Und doch, Erdenleben
wie liebe ich deine Wunder
und deine Geheimnisse.

Eingeweiht sein in das Herz
des Erdensterns lass mich werden!

Das All-Eine

Wenn, wie die dünnste Wolke
über dem Blau hinziehend,
mein Leben fast reißt

ziehe ich Luft ein und bin
neugierig auf die Täler und Schluchten

und Vielheiten meines späteren Sehens
all-in-eins.

Wenn die Sterne verlöschen
wer wird mich trösten
in meiner Nacht?

Die Sonne der Mitternacht
steigt aus der Erde
— ein Rosenduft.

Und im Morgenrot
werden die Sterne Menschen
deren Hände des Vaters
Liebe verteilen.

Vor Knochenhöhle schwebst du, Mund,
kannst lächeln, küssen, essen.
Das Wort aus körperloser Welt
haucht über deine Schwelle, hüpft
und findet Einlass bei dem Du.

Wenn du einst stumm wirst, sinkst,
kann ich nicht bleiben, wehe fort.

Musikbegabt, voll Poesie
und täglich, stündlich doch gebraucht,
lob ich dich, Mund, noch jetzt.

Abendbitte

Lied mein Lied —
zieh wie die Wolke
der Sonne nach
wenn sie sinkt.

Sei Wolke, sei Gedanke
sei Gebet
der Sonne nach
im Himmelsgewand
im wandlosen Raum.

Aus der Nacht

Schmecke das Wort —
geflüstert —
Buchstab und Sang
zieht es dein Boot
ins Helle.

Über dem Grund
wo sich Traum verhüllt
findest du Sicherheit
Innigkeit
warm strömt das Licht.

II. Immer wieder ein Du

Gespräch

Es gibt so viele Gespräche
und es gibt nur ein Gespräch
von jeder Seele zu jeder Seele.
Wenn der Nebel vergangen ist
wenn die Verstecke verlassen wurden —
wie nimmst du mich in deine Augen?
Wie nehme ich dich in mich auf?

Du weißt, es gibt Seelen,
die wie ein seltenes Metall,
das nie sich verunreinigt,
Güte haben.
Sie können nicht leiden sehn
und eher Unrecht dulden als tun.
Ohne sie wäre die Menschheit verloren,
die Erde Stein.
Sie wissen nicht,
dass ihr Lächeln Sonne ist,
ihre Tränen Tau.

Geburt

Gebärden, Worte und die Menschen alle
versinken vor der dumpfen Leibesnot.

Ein Strahlenauge voller Mitleidstiefe
ist mir das Schönste, das ich fassen kann.
Nur diese Stimme, die ein Mensch beseelet
nur diese Hand, die stützen, helfen kann.
Ein Menschenherz ist Halt im Untergange.
Mein Engel ist verhüllt, doch dieser leuchtet.

Vor dem Tor (EJ)

Manchmal wenn ich dein gedacht
grade so um Mitternacht,
pocht etwas an meine Tür,
steht ein winziger Schelm dafür:
Mit dem Schuh von Mäuschenleder
mit dem Helm von Reiherfeder
mit dem Kleid von Pfirsichsamt
mit dem Stern von Engelsland.
Kaum will ich mal etwas lugen,
ist die Tür zu ohne Fugen.
Nur das Füßlein für und für
pocht ganz leis an meine Tür,
und wenn still ich an dich denke
bringst im Traum mir Sterngeschenke.

Ein Traummensch spricht zu mir:

Ich liebe dich
ich schaue still dich an.
Ich nahm dich in mein Haus,
doch vorher drückte ich dich an mich
sagte dir mein Schicksal.
Im Hause waren viele.
Du holtest immer einen anderen Stuhl,
weil sich auf jeden gleich ein andrer setzte
doch endlich saßest du und schautest
zu mir hin —
da wurde ich aus deinem Traum entrückt.

Durch das Traumfenster
sah ich dein Traumgesicht
du auf der Sternenreise
Vater.

Aus Jahrzehnteentfernung
die Wiedererkennensblüte.

Meine Sternschritte
auf Erden
schützt dein Blick
Engelliebe.

Parzifal

Sag es
in tiefsten Tiefen verloren, das Wort.
Finde die Frage
die, ungesprochen,
dich überschattet.
Verloren — noch nicht gefunden:
Dazwischen bangst du.

Welch leises Singen
in der schweigenden Luft
der Entfernung
und abendliche Entfärbung
des Fühlens!
War das der Sommer
der zwischen uns webte
sein verklingendes Licht?

Glückgebende Tage
bringen Entbehrung
doch Dank-umschlossen
lebt mir ein Ja.

Rückfahrt von Merkshausen

Geahntes Grün umscheint Gebüsch und Baum.
Schnee der in Sonne sank vereiste neu.

Zu Abend trägt das Schneefeld Pfirsichblüt.
Es schwingen die Winterwiesen
durch seelenbrennendes Auge.

Auge, von Mitleidsfrucht beschwert
sinkt nachtwärts.

Das Wiedersehen

Frau und Kinder holen ihn ab.
Viele Wolken am Himmel.
Aus dem Zug mit vielen Menschen
kommt er.
Freudig umschließt sie sein Blick.
Die Kinder sind bestürzt über
den Freudenschmerz ihrer Herzen.
Die Mutter ist still.
Das Mahl ist bereitet.
Ihre Schönheit ist, dass sie ihn liebt.
Jeden Faden seines Gewandes
hat sie berührt.
Seine Mühen, sein Versagen,
seine Entbehrungen trägt sie,
ihr Glaube leuchtet ihm.

Schwarze Tücher wehen über dem Bahnsteig,
schräg, schnell —
knospende Blüten die Mädchengesichter
heiß vom Rennen und hoher Freude —
sind's Novizen? sie holen
die geliebte Mutter heim.
Jetzt teilt sich der Wirbel — ein Antlitz,
breit, weiß und still zwischen den Schwestern,
so gehen sie vorüber,
die Stimmen zwitschern noch.

Alleingelassen
im Schwesterhaus.

Die Lampe brennt
trüb in den Morgen.

An der Wand
der verzweifelnde Mensch,
seine Lebensfrage
gebärend.

Erkenntnis

Die höchsten und die tiefsten Menschenwege
du musst sie alle selbst abgehen, um
zu verstehen.

Mit deinen Sohlen gehen über alle Steine
um ganz zu lieben.

Um deine liebbereite Seele aufzuheben
zu Seinem uns umstrahlenden Herzlicht.

Gemeinsam

Viele Gesichter hast du mir
hab ich dir gezeigt.
Auf den Muskeln und Falten des Antlitzes
spielen die Finger der Seele.

Schlag deine Augen auf
lass mich die Unsichtbare
Flügelbegabte erkennen

Lass über den Zeitenabgrund
die Hände dir reichen,
Wiedergekommene.

Ich, die Wiedergekommene, helfe dir
wie du mir
die schweren Körbe zu tragen

voll Schuld
Sternengesang
durchdringt uns.

Welche Pfade
längst gestorbner Christusboten
unbewusst dein Fuß betrat —

was im Süden dich umhüllte —

niederbeugen von Gesichten
sehe ich dich
schreiben.

Wund die Seele von Geburten
wachsen fliegend
lichte Strophen.

Sieh die Flüsse ziehen —
ruhe aus.

Lebensrune

Alle die es schwer haben
dürfen zu dir kommen

Du gibst ihnen Trost
den du täglich und nächtlich erbitten musst,

Was alle Menschen genießen
— Licht, Wärme, Gesundheit —
Dir wird es zum Erlebnis
zur Gottesantwort.

Und so strahlt Licht aus Dir.
Licht das viele Wolken von Tränen
hinter sich lässt
und Freude schafft.

Die Straße der Alten

Golden
ist eine Seite des Bildes
die andere Silber.

Entlang
dem Sonnenblumenfeld
die Straße der Alten.

Langsam gehen
unter dem Morgenhimmel
einzeln oder zusammen die Alten
in Mänteln und weißem Haar.

Steigender Tag
hundertfältig sonnenflammende Blumen.

Unvergesslich sind
die Zeichen der Liebe
die Male der Vereinigung

führst du mich auch
über Schwellen
durch dunkle Tore, Engel —

Das Anruhen
das Adagio der Seelen
war heilend
voraus.

Nahesein
still o still.
Alle Geheimnisse
klingend schweigend
flimmern in Wärme
werden nicht Wort.

Herz umschließt Herz
Herz ruht im Herzen
Friede strahlt
nie ausgeschöpfte Geduld
steintiefes Ja.

Umarmung

Es wird ganz still
wenn ich die Arme breite und auch du.
Wir gehen fort von uns
und in den andren.
Wir gehen dem, der geht, entgegen
wir nehmen den, der sich verlassen hatte, auf.

Wir üben es zu sterben
und wir erfahren Auferstehn
wenn wir im Glanz des Du
uns wiederfinden.

Du bist nicht da,
ich lebe eingehüllt in die Minuten.
Nebel ums Haus, von Lampen angestrahlt.

Schwarz zeichnet sich die laublose Platane
umfasst das Lichterspiel mit wartender Gestalt.

Verlorne Hieroglyphen ziehn die Schattenreigen,
ich höre kaum den Schritt der Küchenuhr.

Ein unhörbarer Gong aus hoher Weite
lässt mich erzittern.

Ich halte dir mein schwindendes Antlitz hin
du Anderer — das täuscht und trügt —
und meine Seele schwebt dahinter, unsichtbar
mit weiten Flügeln deren Glanz
Unschuld und Andacht offenbaren.
Sollte dich nicht in meinem Blick
der Wahrheit Kunde sichtbar treffen?

Durchlichtetes Auge —
was ruht alles tief
im Grunde —
welche Erlösungen
tauten dann nieder.
Nun ist dieses Licht.

Nachtstern —
wir erwählten einander.

Unwissend
aber fragend:
Wer ist wie Gott?

Gott blüht jeden Tag
vielstrahlenreich.

Du über mich gebeugt
mit lichten Strahlen
durchklärend alles Drängen
aus den Gründen.
Geordnet und befriedet
weite
ich mich zu dir
mein Nahester.

Ein Testament

An meiner Wiege
und an meinem Sterbebett
könnte ich ihn, dem ich die Hand gab, denken.
Er war an meiner Wiege nicht,
vielleicht auch sterb ich ohne ihn,
doch bin ich sorglos —
seines Wesens Kraft
wird über Meere
über Schwellen verwandelter Erscheinung
mich wiederfinden.

Begeisterungen gibt es,
Wachheiten, die
Tod, Leben, Nacht
und Tag durchziehn.

Goldring
einsamer.
Von seiner Hand
meiner verliehn.

Du bist übriggeblieben.

Das wirkliche Leben
durch lange Jahre.
Immer dein Goldglanz

auch jetzt.

Das Unsichtbare

Lass jedem Menschen sein Geheimnis
zerschneide nicht, was sich verschlungen hat

Der Schmetterling ruht in der Puppe aufgelöst

Reift ihm die Form
kann er die hartgewordne Hülle brechen

Aus Hüllen, aus Verkleidungen, aus Schalen
brechen wir auf zu weiterer Erkenntnis
können die Hände regen, sehen hell...

Und wieder schattend warten wir verloren
bis wieder eine Hülle fällt, die uns entlässt.

An die Familien der Verunglückten

Dachtet ihr denn an uns
als wir zerrissen, verkohlten?
War eure Liebesaura um uns gebreitet
als wir in lichten Leibern
der Gottessonne entgegen schwebten
und unser denkendes Fühlen
die hohen Ziele erkannte?

Oh der Jammer, der über euch ausbrach!
Sucht im Schweigen die Rätsel
die furchtbare Not zu lösen.
— Wir sind auf der Reise geblieben.
Hier gibt es nicht Stunden
vielleicht Jahrhunderte — und
wir warten auf die Geliebten.

Wenn du gewärmt und still
umschlossen bist von dem Band
das aus Geben und Nehmen
die Menschheit webt

denke der Armen
die unter großen Lasten gehn
die Vergeblichkeit
und tötende Kälte kennen.

Wer keine Liebe fühlt
nur noch Vorteil und Hass
ist von den Tischen des Lebens verbannt
und befleckt die Seele der Menschheit.

Blutendes Mitleid nur
löst die entsetzlichen Flecken
den fressenden Grimm.
Darum soll eine Hand die andere fühlen —
goldene Kette des Lebens
von Zeit in Zeit.

Zu Schlacke werden der Engel Tränen
die Erde verliert ihren ruhigen Gang

Der Himmel, entheiligt,
von Maschinen und Strahlen verwirrt
und Gott-leer geglaubt von Menschen

Die Erde, erschüttert
erbricht ihr verbranntes Sein
und es mischen sich Wasser und Öl zu Gift.

Mensch-Werdende
sucht eure Wurzeln im Licht
übt Nachbarliebe,
denn alles bricht
wo nicht Liebe baut.

Sei nicht einsam
du weißt nicht

ob über manche Straßen
ein Dichter ging.

Hättest du ihn gekannt
wärest du ruhiger.

Zarte Goldplättchen
legte er übers Asphalt

und Türen hatten
Augenbrauen von Blumen.

Er ging durch die Straßen
und ließ sich nicht
niederdrücken von Trauer.

...

Er sah zum Himmel auf
und versäumte keine seiner Mienen.

Er hat schon alles für dich vorbereitet
er wusste, dass auch nach ihm Dichter kämen.

Du gehst durch sein Morgenrot
durch sein Abend-Erblassen

Tücher von Heimatlichkeit
hat er für dich aufgehängt.

Sei nicht einsam
du weißt nicht – – – – .

Tragt weiter das Licht!
Ging Einer verloren
vergesst ihn nicht.

Verloren sich Viele
verstärkt eure Kraft
erschafft neue Werte
übt liebend Verzicht.

Van Gogh

Wenn es ihm gelang,
wenn er das Gefäß
ganz mit Tränen füllte...
wenn sein Leben er
hingab für die Brüder

leuchtete ihm auf
Erde und ihr Leben,
und der Himmel auch
taute nieder seine Farben.

Schreite nun auch du
vor und lass dich selbst!
Lasse dich bewegen!
Sieh die Spur des Christ —.

Nachts

Zeilen treiben
lichte Wolken
durch den Sinn.

Blumen
im fliegenden Kranz
locker gewunden
verbläst der Wind.

Schlaf wieder
schütte das Schellenlachen
ins Schweigen.

Dichter — Dichter —
aus Händen ein Kranz.

Knospenherz
gefaltete Zukunft, Werdelicht,
verbirg dich nicht.

Güteglanz,
Leideswisser
versinke nicht.

Die Weihen der Schatten,
der Nacht
lass hinter dir.

Ersiege das Licht.

III. Gesichter des Jahres

Neujahr

Unendlich weiten Raum
Fuß auf der Schwelle, höre.
Nebel des Nichtwissens
schützt das so leicht verzagende Herz.
An den Grenzen läutet
verlockend Erweiterung.
Neu wie eben gefallener Schnee
ist das ausgespannte Trommelfell
Seelenbereitschaft.

Neujahr 56

Unterm Tore,
da zwei Jahre sich begegnen
da zwei Sphären sich berühren
stehn wir, und des ganzen Jahres
Freude, Leid und Hoffen schmelzen
zu dem Samenkorn und lösen
sich in einen Seufzer auf:
Herr, wie du willst...
und so gleiten wir hinüber.
Sternenaugen
schauen unsre Seele wie Kristall.
Sie erglüht
zu des neuen Jahres Lebensblut.

Epiphanias

Sterne sähe ich mit neuem Sinn,
nicht als ferne kleine Punkte:
Licht, von keinem Leib getragen,
ohne Glanz und Schein.
Licht — ein Freund, der leise eintritt.
Licht — Erinnerung und Jetzt.

Sterne, wenn das Herz sich weitet,
tretet näher!

Wandlungen des Winters

Tropfen, zahllos, die zu feinen
sechsgestrahlten Sternen aufgefächert,
fallgehemmt im Luftraum schweben,
dennoch endlich erdwärts dringen,

lagern, mehr und mehr geschichtet,
angepresst zerbrechend,
werden Masse,
kaltes, erdumhüllendes Gewand.

Schwankt der Erde Wärmeatem,
löst sich Stern um Stern gewachsnes Eis.
Rasch beweglich fließt der klaren Tropfen
Rinnsal, Bach und Fluss und findet
alle Tore in die Erdkrume.

Frühlingsgang

Der Augenblick des Abends, langhinschleifend,
die weiche Erde, sprechend unterm Fuß.
Ein Feuer prangt im schattenblauen Hange.
Mit jedem Schritt erklärst du dich dem Leben.

An den Sommer

Wische die Schneeschleier fort,
suche die ungebrochenen Linien,
den Wohlklang des Seins.
Steige, steige und hebe uns, Jahr,
zu deiner Höhe.
Einmal erfülle die Sehnsucht
die immer brennt
vom Herbst in den Winter,
die in all den verdunkelten Wochen brennt —

nach dem Licht
nach dem hernieder sich neigenden Himmel.

Fragender Sonntagmorgen

Es könnte schön werden
noch besinnen sich die Wolken

Der Turmwächter hat
die Falltüre geöffnet
die Fahne flattert

Es ziehen Wolkenschatten
über einzeln ergrünten Bäumen
und Straßen voll
erwartend blickender Fenster

und Augen suchen
den Himmel ab nach blau
sich sehnend wie die
erblühten Kirschbäume
nach Sonnenstrahlen
dem schöpferischen Gotteslicht.

Amsel singt in der Osternacht

Höre, höre Herz
was ich einsam sinne!
Einsam wachend mit den Nachtlaternen
in der schwarzen Luft
bebt mir schon die Kehle
von dem neuen Tag,
Tag, mit dem geboren
wird die Zeit voll Liebe.

Höre, da noch alles schweigt,
was ich weiß von Liebe.
Schmerzend süß
erschallt mein Lied
in der dunklen Straße.

Langsam wiegt das Tagesblau
grelle Lampen in den Schlaf.
Licht, o einzig hohes Licht —
Tag! Du dringst herauf.

Belebung

Dreifarbig zieht der Himmel
über Stadt und Wald.
Durch zerrissenes Grau
wird der Blick frei
auf weiße Wolkenmassive
zwischen denen
das Ewigkeit deutende Blau
sich auftut
und zugleich
Sonne ein strahlendes Bild malt
Bäume, vom Wind angestoßen
sich rühren.

Ostertag am Teich verglimmt
Vogelabendlied versprüht
Schluchzer, Flöten
Zirpen, Zetern —
und der Amsel Arie reißt
Stille um sich
schwingt sich auf
Menschenherz zu rühren.

Sieh nur, der Wald
baut seine Sommerverstecke
wieder auf

Mit nachtblauen Augen
blicken sie
zwischen eben geborenem Grün hervor.

Verstecken im Sommerwald
verborgen
auf moosigem Boden ruhn.

Sonne, vom Himmel bist du,
füllst einen Erdentag ganz,
dass er überfließt
in das Grau, in das Schwarz,
in die Schatten- und Lichtstimmen
späterer Tage.
Sonne!

Waldblick

Sommer —
ein dichter Pelz gedunkelten Grüns
die tiefen Schatten
eine Stille steigt auf.

Und die Wolken darüber
stehn weiß
ziehn langsam über das Blau.

Und Sonne streift uns
mit abgeschwächter Zärtlichkeit
zum Abendgruß.

Mond und Stern

Goldstücke in die Nacht geschnitten
erhabenes Jenseitslicht

scherbengleich stürzt es herab
auf tränende Augen und zieht hoch

über schlafendes Dorf seinen Sommerbogen
im Strahlenmantel

schwach gespiegelt im trüben Teich.

Zwei Bilder eines Tages

Sturm liegt der Luft im Blut,
verborgene Narbe sticht,
und das Herz wiegt sich auf dem Puls.

Die verlorene Barke rollt auf dem Wellenberg,
    taucht und steigt;
zwei Möwen spähen in wasservermischter Luft.

Die Rose im Garten verborgen blüht auf.
In der Mondnacht lässt sie den Duft
wie Seide über die Mauer.
Von allen Düften ist er am schönsten,
seine Erzählungen sind von Engeln beschützt.

Befreit

Wie leuchten, wenn vorüber ist der Kummer
die Farben. Eine unsichtbare Hand
zieht grauen Schleier von der Blumenfülle
in deinem Garten — o wie leuchtet,
wenn ich nun aufschau, durchsichtiger Himmel
und blendend fast das weite Grün des Rasens.

Der Klee so süß
Margerite so strahlend —
Johannistag!

Ich schaue aus
nach deinem lieblichen Stern
Johanniskraut.

Die Sonne hat mich getauft
der Wind gestreift —
meine Seele dein Kind,
Johannizeit.

Morgenfrühe

Was willst du dieses Morgens Stimmen stören
mit deinem Wort und Ton?
Bereite dich zur Schale
für Tau und Licht
und der beschwingten Vogelseelen Lied.
Lass in der Frommheit Tiefe fallen
auch Farben und deines Herzens Hass und Liebe.
Und nimm ein wenig Todesernst herauf
aus Ruh und Schweigen.

Sonnenuntergang

Auf dem Turm stehn und sehen
wie der Himmel sich ordnet
zum Tagesabschied.

Lang blickte die Sonne
von ihrer Höhe zu jener Stelle
wo sie verschwinden wollte.

Jeden Abend barg sie sich
nordwärts
hinter einem anderen Baum.

Bald sehe ich sie
zurückgehen Abend für Abend
entlang den Baumwipfeln
des langgestreckten Waldes

und kleiner und kleiner
wird ihr strahlender Pfad
der am Tag des Johannes
am längsten war.

Johannilicht leuchtet
von langgestreckten Wolken
mir herab.

Waldfrühe

Tautropfensonnen gelb und rot,
aufstrahlend in dem Waldgrasgrün,
bestickt mit tausend Lämpchen.
Eins halt ich mit den Augen fest
und grüß das kleine, licht-umsprühte Haupt.

Die gnadenlose Dürre
reicht wässriger Schwüle die Hand.
Berstende Landschaften schütteln den
 Menschen ab.
Menschen rennen auf Menschen mit
 tötlichen Waffen zu.
Kleine goldene Blume am Weg —

ach, Erde, du warst so schön!

Welkende Rose

Nun sinkt dein Haupt,
die Purpurblätter
so luftig sich umfassend, sinken.
Es lastet Blatt auf Blatt,
vertrauert, schmilzt
entfärbt,
wird stumm —
o Rose,
möchte mein Mut
als Vogel auf zum Himmel stoßen,
dich überwachsen
und deinen Glanz so lieben
wie dein Sterben.

Wind trieb die Wolken
zu schaumigen Wesen
die ins Blaue gehoben
von abschiednehmender Sonne
strahlen
wie eine Überwelt
eine Neugeburt unserer schattenreichen Erde

Sommerabend

Langdurchlichtetes Dämmern
lautlos kurven die Mauersegler um Dächer
und donnernd rollen die Züge durchs Tal

Die schattenhütenden Bäume
sind von ersten Lichtern durchblitzt

Über das Brüllen und Kreischen der Bahnen
legt die beruhigenden Hände das Nachtwerden.

Sonnenblumen, abends

An den hohen Schauenden vorüber
braun, umflammt von Licht

wärmt die Abendsonne
Rosen-Rot, Margriten-Weiß.

Meine Sinne füllen
Duft und Farben
groß, im schrägen Licht.

Langsam schwand
vergangne Nacht

jetzt, am Abend erst —
und ich atme Sonne,
Sommer.

Aufgehender Mond

Mond im Aufgang
schleierzerreißende Schönheit
fliegst du opalfarben auf
in die dunkleren Höhen
wo du metallisch dein Licht
ausschüttest über Sehnende
Todsüchtige und
den still betrachtenden Dichter.

Wie im behütenden Raum
feiernd die Kerze brennt
sei das Feuer des Dichterherzens
klar
zwischen Himmelsdunkel
und lampengrell dunkelnder Erde
— lauschend.

Abend am Teich

Schwarzer Teich
baumumschattet —
die sinkende Sonne
verlässt dich.
Sanft modelliert die Luft
deinen Spiegel
der die Bäume
zur Tiefe gerichtet zeigt
und edelsteingrün umgibt dich
Wiese und Wald
vor der Nacht.

Über dem Talgrund
wenn späte Lichter leuchten
unaufhörliches Autofahren —
Atemzüge der schlafenden Stadt

ihre Sehnsuchtsträume brausen
in Eisenbahnen

sie fahren mit schlafenden Menschen
durch sommernächtliches Land

Sommernacht — ich stehe
auf dem Balkon
wie spricht die Luft zu mir

Die weißen Wolken des Tages
geschmolzen zu grauer Decke

trennen Himmel und Erde
am Rand seh ich noch
ein wenig Rot

Danke dir, Nacht
danke dir, Luft
— schwebendes Wort.

Stadtsommer

Fenster reihenweise, straßenlang
schwarz das Innere — verhüllt —

Starre Falten, eng gelegt wie Gitter
manchmal grüne Pflanzen,
Spielwerk aufgehängt.

Neigt die Sonne sich zum Untergang,
streift mit kühler Glut die dunklen Spiegel,
geht der Engel der Versöhnung durch die Zimmer.

Übererde

Flugzeuge, Zugvögel
lehren uns

Luftflügel weben um Länder, um
abgerissene Erdstücke
über den Meeren

Luftbotschaften bereisen
Ländergrenzen und Hass

Luftmantel, Erdkrusten
nehmen das Giftige auf

tragen es höher und tiefer,
möchten uns heilen

hoch über allem — Sterne
können die Augen nicht schließen
über den Feuern, dem Rauch.

Der Vogel nah

Dein Anblick macht mich stumm.

Von deinen Füßen umklammert
der Dachrinnenrand,

singst du dein Lied
in die Gärtenweite.

Die kleine schwarze Gestalt,
mir abgewandt,

drehst du den Kopf
in die Runde
und siehst mich nah.

Weit wird der Schnabel geöffnet
und nach jeder Strophe lauschend geschlossen.
Der hängenden Flügel Zittern
begleitet die Triller.

Der Flöten-Geigen-Ton
deines Singens
füllt strahlend die bäumedurchwehende Luft.

Zu den Vätern, zu den Müttern
zu den ungeborenen Kindern
geht mein Sinnen.

Wir vergessen Sommerhöhe,
wenn die Wolken hoch sich bauen.

Sonne glüht auf luftigen Burgen —
wir im Schatten hören Stimmen,
die wir liebten,

danken hingeträumten Zeiten
unsre Kraft des Hoffens,
Lebensfrieden.

Leise müde wird das Jahr —
aufgeblühte Sonnenblumen
singen ihre leuchtende Fermate.

Lied

Wenn der Sommer sich niederbeugt,
die Spanne zwischen Auf- und Untergang
der Sonne enger wird —

wenn dir von den hohen Bergen
fern das Meer erglänzt —
singe ich mit leiser Stimme bei der Arbeit.

Vorüber ziehen dir
die vielen augenblickerfüllten Tage
und halbe Nächte lesend, schreibend,
die vielen Seelen die sich dir geöffnet — .

Es ist ein Lied das ich dir singe
ein Lied, das ich durch weite Räume sende,
ein Engellied, das schützend dich umfliegt,
wenn du das lichte priesterliche Tor
    durchschreitest.

Mittag

Ins Sommerhimmelblau
klingt zartes Läuten
mittagsstill
besonnt der Häuser Antlitz
mit den vielen Augen
die nichts verraten
von den Schicksalsstunden
der Menschen
die aus ihnen Licht empfangen.

Auf Straßen, auf Geleisen
fahren Menschen zu nahen
oder fernen Zielen.

Halt an
besonnte Mittagsstunde!

Die Wolke

Der Schatten, Schatten —
löst unter Bäumen sich
umschließt die Kronen

umwandert Berg und Tal
und wir verzagen.

Warum ist uns die Sonne
nicht gegönnt
zum farbenstrahlenden Herbst?

Nun sehen wir:
wie schnell kann enden
und bricht nieder jedes Leben —
einmal —
und schon jetzt?

Abendlicht

Der Waldeswipfel Bogen
Rund gedrängt an Rund
vom schrägen Licht
des Sonnenuntergangs gestreift
erhoben über nebelndes Erkalten
gibt stille Freude — die
zur Ruhe kommende Gedanken
trägt
entlassend alle Zwänge.

Dämmrung du kommst
du hockst in den Bäumen
du ermattest uns
wenn wir am Licht hängen.

Glockentöne fallen
aus deinen Falten,
sie erinnern an vieles...

Erzähle uns Märchen
öffne uns Augen
füll uns mit Frieden,
Dämmerung —.

Vollmond im Advent

Mond
von Geisterflügeln
auf hoher Bahn bewegt,
stehst du im schwarzen
Fensterviereck,
leuchtend.

Das vollkommene Rund
strahlt über den dürftigen Lichtern
der Menschen.

Mein Herz,
weit werdend in Andacht,
in Jubel,
in ratloser Befremdung
folgt deinem Aufstieg —

o lasse es strömen
in stummer Beichte,
sing deine Gnadenbegrüßung
der aufbrechenden Knospe
Advent.

Advent

Wenn Himmelsblüten
nacheinander aufgeblüht sind
und goldrot sich verströmen,
im Nebel unsichtbar
die Sonne untergeht,
kommt schnell die schwarze Nacht.

Ich hör die Stille rauschen
als käme etwas näher —

das Überräumliche —
wenn du es sagen willst:
das Heilige
kündet sich an.

IV. Die Tür öffnen

Hilflosen helfen,
hilflos sich helfen lassen
ist Kreuzigung.
Der Wünsche Wollen
kreuzt die Lanze Gottes,
im Innern aufgeblitzt
oder von außen als Geschick.
Am Kreuzpunkt ist
der Liebe Sonne aufgeflammt.

Erinnerungen an E. M.
Auf einer Straße.

Im Traum kam dir ein Kind entgegen
von einem Bauern an der Hand geführt.
Du musstest es nur immer anschaun,
und tiefe Antwort gab sein Blick.
Du nähertest mit jedem Schritt dich mehr,
und auch sein Schritt ereilte dich —
bis du vorübergehen musstest —
doch das war Leiden, und du kehrtest um.
Und sieh, da wandte sich das Kind dir zu.
Nun konntest du erkennen, wer es war:
Die Strahlenkrone schwebte um sein Haupt,
und auch des Kreuzes Schatten war darin.

Es war das höchste Ziel, nach dem du strebtest,
die Sehnsucht und das Leid des langen Weges.

Nun öffnet sich das Tor der Geistesschau,
du fühlst befreit das Licht der Gottesliebe.

Sonntag mit Regenbogen

Angst engt uns die Augen zum Tag
wir möchten die Hand des Schicksals
loslassen
weil wir erschöpft sind von Misstrauen.

Warum hören unsere Ohren nicht
tiefer, höher,
wo Engel das Kyrie singen?

Sie zu erhören
nähme die Schwere aus unserem Denken
und löste die Glieder in Balsam.

Während einer Operation

Bleibe
bleib über mir
Unnennbarer
im zart
zersprühenden Flügelkleid

Schaue
mit göttlich
ruhendem Auge
wo Leiden sich birgt

Walte
aus goldenen Quellen
Erquickung

Der zweite Tag

Stumm verweinter zweiter Feiertag
wenn die Wolke sich ins Tal gelagert
Regen über starre Straßen rinnt
und die vielen Fenster glanzlos blicken —

zweiter Tag, wenn wenige Getreue
im Bereich der Leuchter ruhig werden
und den Weg zu dem Verklärungsberge
wieder gehn mit den geübten Schritten.

Wenn der Jubel eines ersten Tages
wie die Küsse der vergangenen Nacht
innerlich ertönte Lieder werden
und dich füllen wie der Trank den Kelch.

Hoffnung

Alle Werte zerfallen
und nur unser
unermüdliches Sehnen und Beten
schafft neue Blickpunkte
aus dem Meer des Dunkels
aus dem Meer des Lichts.

Der Frühlingssturm musiziert
mit den Dachschieferplatten
die Sonne hebt sich rascher vom Bergrand
um die Eiskälte zu besiegen.

Über den Trümmern der Liebe
über der Herzenskälte der Menschen
weht ein silberner Hoffnungsflügel.

Im Garten

Die Kinder hatten gegraben
eine Höhle im Garten, mit
Brettern und Erde gedeckt —
ein Hüttchen unter der Erde —
sie lachten, zusammengedrängt.
Dann sprangen sie wieder nach oben.
Nun ließ sich die Schwester hinab,
sie saß auf der Erdbank.
In der Nische der Wand gegenüber
zündete sie ein Licht an.
„Offenbare dich, Gott,
nun, wo wir allein sind —
offenbare dich mir!"
Es war still, und im Dunkeln
glänzte das Licht.
Keine Antwort kam.

Ihr Name wurde gerufen.
Sie löschte die Kerze
und stieg hinauf.

Mit den andern saß sie am Tisch
etwas erdig, etwas verstört.
Aber das Licht im Dunkeln
das blieb ihr.

Wie die Bücher in den Regalen
mit ihren Farben
stumm,

stehen um Gang oder Schlaf
— liebend —
un-sichtbare Sterne.

In das aufgeschlagene Buch
fällt ihr Leuchten
und endlich verstehst du.

Das Feuer, auf das du so lange
gewartet hast
hebt seine Flügel, innen.

Weihe der Nacht und Not

Wir gehn die Tagesschritte
hin zur Verlorenheit
an der zerbrechlichen Hütte
halten wir an.

Hier muss es sein
wo die kalten Winde
gebrochen sind
o Maria —

wo das neue Leben hervorbricht
bei der Wärme der Tiere
und Josefs Händen;

und wo wir erfahren
Engelgeleit
und Engelwort,

wo die Gottesferne
herunterbricht
in unser Jetzt.

Kind der Himmel
Stern der Liebe —
Du bist da.

Geboren ist
nach unendlichen Mühen —

   Die Meereswogen
   der Generationen der Völker
   erhoben sich und zerrannen —

geboren ist
ein neues Glied des Menschseins.

Wie jubelten die Hellen
ergrimmten die Dunklen.

Knospendes Sein,
du Wandler über Welten,
den eine Mutter nährt
an ihrer Brust.

   Wer nährte nicht Selbstliebe,
   dumpfen Neid innen?

Weltüberwinder!
Du tauche tief
läuternd in jedes Herz.

Anruf

Du sprichst leise, himmlische Gegenwart
beinahe hätte ich dich nicht gehört.
Meine Hand verhielt,
Herzsprache klang.
Da schloss Raum sich an Raum,
Dein Hören umgreift mich.
Du bist Ruhe.
Ich schmecke Gottgefühl.

Engel — welch ein Klang —
drehst mein Wesen um als Angel.
Alles Helle flutet dir entgegen
und ich kann mich wieder lieben
als ein Teil von dir.

Gespräch

Wie fasse ich dich
heiligstes Ich
das der Menschheit Ich
zu erwecken sich müht

Sah ich dich doch
mit staunendem Schrecken
— von Herzen erbeten —
ein einziges Mal.

Wie fassen
die irdisch verwöhnten Sinne
das Überwirkliche
das ich doch wahr weiß?

O gib diese Richtung —
das sicher Gewahren
der Schwäche des Denkens
dem Liebe-Sinn!

Begegnung

Dass an den Stufen ich
am Fuße des Altars
die Krüge hielt
mit Wasser und mit Wein —

dass ich die schwingende
Rauchschale hob, und Glut
bereitet war
der Dufteskörner Leben —

dass ich die Antwort gab
die auf dem Weg dich stärkte
durch Gottes Land —
und Gottes voll zu uns —

das war bei mir. Das ließ in deinem Blick
mich lesen, wer
du bist, o Mensch!

Sonntagmorgen

Durchklungen die Luft
von Glockentönen
die langsam versiegen
verstummen.

Die heilige Stille füllen
in Wellen
aufschwebend Gebete

Himmel ist überschwer
kaum kann ich es fassen

In Weihrauchhüllen
verdämmernd
zittern langsame Herzschläge.

Sonntags

Gott
Du eherne Glocke
die den Schlaf der Erschöpfung
durchdringt
und die himmlischen Räume
über uns aufwölbt

Du dunkler Klang
der uns
bergen kann
wenn wir leicht werden —

Dein Erklingen
im offenen Herzen
erzittern lassen.

Nichts ist bleibend
als Du —
und was in Liebe und Kampf
sich Dir anverwandelt

Schwebend ruhen
im Sehen, im Laut —
Erdengeschenke
stillen das Herz
und machen es wieder durstig.

In meiner Augen Schale
in meines Herzens Grund
schmiege dich, Namenlos.
Ewiger Name, so unbekannt
ruhe und fülle
den Raum des Seins.

Abendgebet

Leg deine Hände auf unser Dach.
Vor der flutenden Nacht
schütze uns.

Eltern und Kinder ruhen in dir.
Ihre Sorgen, ihr Leid nimm in Dein Herz
und ihr Glück.

Hüte das Flämmchen der Zuversicht
und der Liebe in uns,
mach uns einfach und rein.

Graue Kühle des Tag-Alls
randvoll von Früchten der Gottheit,
für die unsere Augen blind sind;
aber das eine, das fehlt:
Geld oder Gesundheit, Verstand oder Glück
wird, von Seufzern umsponnen
als ein schlimmes Paket Gott hingehalten:
„Da sieh, das bist du mir schuldig geblieben."
Was sagt der Vater?
„O Kind, die Krankheit der ganzen Welt,
das ist deine Schuld, fühle es! —
wenn auch nur ein wenig."

Dankgebet

Ich denke daran, wie oft mir das Herz gestillt war.

Als ich am Wildbach den Türkenbund sah —
oder lang zuvor:
als ich unter Sommersternen
auf warmem Waldboden lag,
die Kinder daneben und der Mann,
der Himmel so dicht mit Sternen gefüllt,
dass die tiefste Andacht im Raum schwang.
Ich denke, wie oft ein selig erstes Gespräch
ein Herz mir geöffnet hat voller Wunder.

Ich denke an den ersten Blick auf das Meer,
den ersten Anblick der Berge,
den ersten Rosenstrauß von meinem Vater,
und wie ich zum ersten Mal jedes Kind sah.

Nie kann ich zweifeln an deiner Güte, Vatergott,
nie ganz den Mut verlieren zu jedem Schritt
und jeder Verwandlung.

Ist Liebe
Liebe?
Wird sie im Todmoment
Aufstoßer rettender Türen?

Gebet

Herr, der Du tot warst
und aufgeblüht bist wie eine Rose,
reiche allen Toten und Erstarrten
Deine lebendige Lichthand,
lass alles Leid zu Güte werden
und erwecke in mir
die unsterbliche Liebe.

Absturz

Wenn der Rauch verweht
die Flammen gelöscht sind

der Turm der Gedanken,
Bilder, Gefühle sich auflöst —
was bleibt?

Noch eben voller Leben
voll Erwartung —

zwischen Himmel und Erde
ein Schreck der Vernichtung.

Und wo ist dein Inneres?
wenn dein Leib Asche ward
so schnell?

Die Verwandlung des langen Lebens
hat auch in der Sekunde Platz.

Ausgelöscht
und aufgenommen ins Ewige
das schon immer neben dir herging.

Lebenslied,
ach wir hören dich
erst an Grabesrand
und bald versinkst du.
Von deinem Glanz erstrahlen
der Engel Flügel;
ihr Haar erschimmert
von deiner Zärtlichkeit.
Tränen quellen in ihren Augen
über Torheit und Kälte;
deine Schritte in Angst und Not
zaubern der Güte Lächeln
auf ihre Lippen.
Deine verschlungenen Wege
steigen aus Dunkel und Staub,
steigen mit Geigen und Flöten
zur Einigkeit der Herzen,
zum Licht der Geister,
zur Wonne der Engel,
Lebenslied, das wir nicht
hören können auf Erden.

Christus spricht im Todesaugenblick

Komm liebes Kind,
leg aus der Hand dein Werk.
Die langgereifte Knospe
heb der Wärme zu.
Es fällt das welke Blatt,
das sie verdeckte.
Das Bild der Welt
verdunkelt sich dem Blick.
Es brechen Mauern
und glüht neu dir zu
was je du sahst;
was du geahnt und halb erfasst,
was du geträumt, geschaut —
geglaubt.
Du hörst des innern Namens Ruf
öffnest des Herzens Lichtgestalt
Mir zu.

An Christus

Komm Herzensseele
komm du goldner Name
und Friedens Sonnenglanz Verstrahlender.
Aus unsern Herzen ströme dir zurück
was du uns gabest, Gebender.
Du gibst uns Atem und wir geben dir
den Hauch zurück voll Freuden
Blut und Tränen.

Tod des Priesters

Von weither kommen die Brüder.
Sie treten zu deiner stillen Gestalt.
Sie öffnen die Türe des engen Raumes.
Fort von den Hüllen des Lebens,
aus der umgebenden Liebe
tragen sie dich in die Welt,
wo sich Licht und Dunkel umschlingen,
wo große Geister strahlen.
Da werden Engel
die Früchte des Herzens empfangen.
Da wirst du erlöst
von aller Begrenzung.

Töne um den Turm

Amphitheater der Lichter nachts
das Stöhnen der Räder rauscht und dröhnt

Glockengrüße reichen die Kirchen sich zu
am Tagesbeginn und zu Abend

An Feiertagen klingen im Chor
die metallenen Erdgebete
freudig das Tal entlang
der Himmel lauscht
aus gefalteter Wolkenwand.

Heilige Steine am Bodensee

Sind es in Stein verwandelte Menschen,
die auf erhöhtem Felsen nach Westen sehn?
Sind es Reste von Tempelwänden,
von heiligem Willen geschnitten in Stein?
Die da in betender Klage,
in schweigendem Ragen stehn —
mit heiligem Schrecken,
mit staunender Stille uns weihn —
Finger einer aus Urzeit
erhobenen Riesenhand,
der Sonnenwende gespaltene Felsenwand —
weißgraue Sandsteinsäulen im Kreis gereiht,
wie im Gespräch flüsternd zusammengebeugt,
seht ihr die Sonne, wie sie im Westen sinkt,
seht ihr auch sorgend, was aus dem Westen dringt?

Flügel aus Sonne und Seehauch wehen euch an,
ragende Sanduhren, staubt an euch nieder die Zeit.
Sprecht ihr als Zeichen uns schreckend und
   feierlich an,
hören wir uralte Botschaft — und sind bereit.

Frühlicht
Irische Impression, New Grange

Geht ein Zug bergan
zum heiligen Ort
weißgewandet
schreiten sie.

Ihrer Seelen Kraft
ist ungeheuer
Feuerjubel
tragen sie im Herzen.

Angekommen
in dem dunklen Raum
drückt die Gottesnähe
sie zu Boden.

Angezündet
in der Steinesschale
brennt das Opfer
heilig duftend
heilig stärkend.

Dank ertönt
in leisem Singen
leise beben
Kuppelsteine.

Inhaltsverzeichnis

I. Mit mir selbst im Gespräch

Kleines Erwachen	10
Morgendlicher Monolog	11
Aufwachstufen	12
Morgengebetsahnung	13
Mensch	14
Ich ordne die Saiten	15
Ich bin nur einer	16
Engel, meine Saiten schweigen!	17
Abgebröckelt ist wieder	18
Nach einem Aquarell von Andreas	19
Sei einfach	20
Es war ein Gruß	21
Ich fühle mich als Instrument der Sehnsucht	22
Bei Chopin-Musik	23
Die Scheiben regennass	24
Am Fenster	25
Am Puls der Stadt	26
Nun will ich still sein	27
Wie Eihaut hängt	28
Schicksal	29
Sternfenster	30
Verschattung	31
Für den Tod ist jederzeit Zeit	32
Steh still, du Strom	33
Fiel eine Tür zu?	34

Sei ruhig, Herz	35
Der Glocke ernstes gleiches kurzes Schreiten	36
Warum ist dieser Augenblick	37
Wenn mich der Tod umfängt	38
Das All-Eine	39
Wenn die Sterne verlöschen	40
Vor Knochenhöhle schwebst du, Mund	41
Abendbitte	42
Aus der Nacht	43

II. Immer wieder ein Du

Gespräch	46
Du weißt	47
Geburt	48
Vor dem Tor	49
Ein Traummensch	50
Durch das Traumfenster	51
Parzifal	52
Welch leises Singen	53
Rückfahrt von Merkshausen	54
Das Wiedersehen	55
Schwarze Tücher	56
Alleingelassen	57
Erkenntnis	58
Gemeinsam	59
Welche Pfade	60
Lebensrune	61
Die Straße der Alten	62
Unvergesslich	63

Nahesein 64
Umarmung 65
Du bist nicht da 66
Ich halte 67
Durchlichtetes Auge 68
Du über mich gebeugt 69
Ein Testament 70
Goldring 71
Das Unsichtbare 72
An die Familien der Verunglückten 73
Wenn du gewärmt und still 74
Zu Schlacke werden 75
Sei nicht einsam 76
Tragt weiter das Licht 78
Van Gogh 79
Nachts 80
Knospenherz 81

III. Gesichter des Jahres

Neujahr 84
Neujahr 56 85
Epiphanias 86
Wandlungen des Winters 87
Frühlingsgang 88
An den Sommer 89
Fragender Sonntagmorgen 90
Amsel singt in der Osternacht 91
Belebung 92
Ostertag am Teich 93

Sieh nur, der Wald	94
Sonne, vom Himmel	95
Waldblick	96
Mond und Stern	97
Zwei Bilder eines Tages	98
Befreit	99
Der Klee so süß	100
Morgenfrühe	101
Sonnenuntergang	102
Waldfrühe	103
Die gnadelose Dürre	104
Welkende Rose	105
Wind trieb die Wolken	106
Sommerabend	107
Sonnenblumen, abends	108
Aufgehender Mond	109
Abend am Teich	110
Über dem Talgrund	111
Stadtsommer	112
Übererde	113
Der Vogel nah	114
Zu den Vätern, zu den Müttern	115
Lied	116
Mittag	117
Die Wolke	118
Abendlicht	119
Dämmrung du kommst	120
Vollmond im Advent	121
Advent	122

IV. Die Tür öffnen

Hilflosen helfen 124
Erinnerung an E. M. 125
Sonntag mit Regenbogen 126
Während einer Operation 127
Der zweite Tag 128
Hoffnung 129
Im Garten 130
Wie die Bücher in den Regalen 131
Weihe der Nacht und Not 132
Geboren ist 133
Anruf 134
Engel 135
Gespräch 2 136
Begegnung 137
Sonntagmorgen 138
Sonntags 139
Schwebend ruhen 140
Abendgebet 141
Graue Kühle 142
Dankgebet 143
Ist Liebe Liebe? 144
Gebet 145
Absturz 146
Lebenslied 147
Christus spricht im Todesaugenblick 148
An Christus 149
Tod des Priesters 150
Töne um den Turm 151
Heilige Steine am Bodensee 152
Frühlicht 153

Verlag Ch. Möllmann

Ulla Weymann: Altersrune – Kindheitston
Gedichtauswahl aus sieben Jahrzehnten
"Eine große – noch weitgehend unerkannte – Dichterin steht vor uns. Jemand, von dessen Welten- und Himmelsliebe, von dessen Gestaltungskraft und Vertrauen viel zu lernen ist für die jetzige und nachkommende Generationen. Daß wir die Felsen des Geistes sehen und finden, auf denen wir sicher gehen können und den Mut und die Durchhaltekraft aufbringen, dabei immer auch über Wasser zu gehen."
(S. Nordmar-Bellebaum in der "Christengemeinschaft")

Ulla Weymann: Und zu Dir, Baum, mein Blick
Gedichte mit Zeichnungen von Christian Hitsch
"Indem die Bäume so zu Gesprächspartnern, ja zu Lebenspartnern der Menschen werden, kann ihre engelhafte Kraft vom Menschen in langer Wesensbegegnung erkannt werden, wie andererseits die Bäume in ihrer vielfältigen Blätter- und Jahreszeitengestalt den Menschen dazu anregen, sein eigenes (Baum-) Denken und (Baum-) Erleben zu betrachten und zu gestalten." (Sigrid Nordmar-Bellebaum)

Ulla Weymann: Aufbrechende Knospe Advent
Ringgebundene Mappe mit Gedichten
und farbigen Bildern von Helmut Friedewald
„Als ich (noch in einiger Entfernung) auf mein 80. Jahr zuging, wollte ich dem Kreis meiner nächsten Menschen eine Art Testament hinterlassen. Es entstanden dann auch, oder waren schon entstanden, 12 besondere Gedichte, die durch die anmutige Kunstschrift unseres Bochumer Freundes Helmut Friedewald sich sehr schön darstellen. Und als ich unter den mir im Lauf der Zeit geschenkten farbigen Bildern Friedewalds die mit den Texten korrespondierenden herausfand, entstand eine dem 80. Lebensjahr entsprechende freudige Spannung. Besonders das Titelgedicht ‚Vollmond im Advent' hat schon etwas wie einen Himmelsflug." (Ulla Weymann)

Ulla Weymann: Lebensfreude
Gedichte
mit Bildern von Helmut Friedewald
Gedichte auf Elefantenhaut-Papier mit einem Umschlag aus Lederkarton, Ringbindung. 16 farbige Bilder von Helmut Friedewald.